Tina Schwichtenberg

Ravensburger® Hobbykurse

Schalen, Töpfe, Krüge

formen ohne Töpferscheibe

Otto Maier Ravensburg

Für meine Töchter Britta und Barby

1. Auflage 1984

Arbeitsfotos: Tina Schwichtenberg
Farb- und übrige Schwarzweißfotos: Peter Rathmann
Satz: E. Weishaupt, Meckenbeuren
Gesamtherstellung: Himmer, Augsburg
Printed in Germany

91 7 6 5

ISBN 3-473-45662-4

Inhalt

Einleitung

Hast Du Lust zum Töpfern?

Wenn Du Lust hast zum Töpfern, kannst Du frisch draufloswerkeln, auch ohne jegliche Vorkenntnisse. Du brauchst nur Ton, ein paar Küchengeräte und etwas Geduld. Von der ersten Form in diesem Buch, dem Kerzenhalter, bis hin zur letzten, der Backschüssel, gibt es mit jedem neuen Modell einen kleinen Schwierigkeitsgrad zu überwinden. Sicher, für die Bodenvase z. B. brauchst Du schon eine Menge Geduld, aber Du kannst dann auch stolz auf Dich sein, so eine schöne Arbeit selbst geschaffen zu haben.

Auch für Leute ohne Vorkenntnisse

Vor einiger Zeit habe ich das Buch „Geschirr töpfern" geschrieben. Dieses Buch hier ist als eine Ergänzung dazu zu sehen. Alle Formen, die Du hier nacharbeiten kannst, passen gut zum Geschirr in jenem Buch (ebenfalls ein „Ravensburger Hobbykurs").
Es ist ganz egal, ob Du schon mit Ton gearbeitet hast oder nicht, ich bin sicher, daß Dich die einzelnen Stücke aus diesem Buch begeistern können. Also: Mit ein wenig Geduld und viel Ton wirst Du es schaffen.
Ich wünsche Dir viel Spaß dabei.

Tina

Grundmaterial Ton

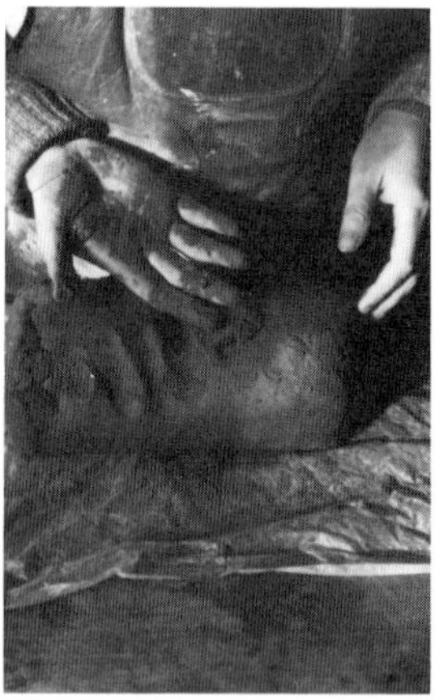

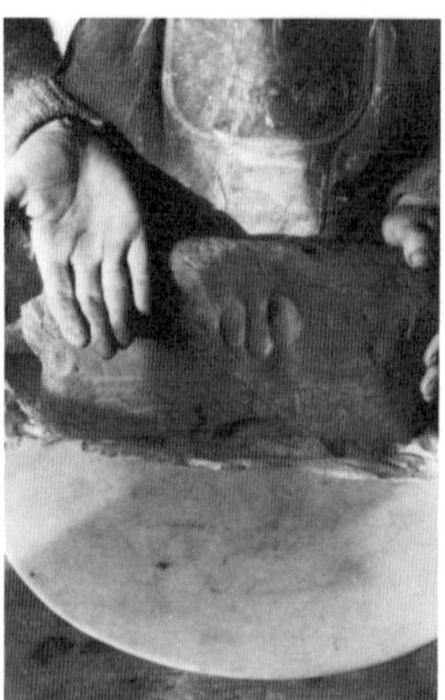

Wo bekommst Du den Ton?

Ton ist ein Naturprodukt, aus der Erde gefördert und aufgearbeitet. Du bekommst ihn in Bastelgeschäften, Töpfereien oder im Versandhandel für Tonzubehör. Du kannst Tonmehl beziehen und es mit Wasser selbst anrühren. Einfacher (wenn auch etwas teurer) ist es, Tonbrote zu kaufen, die in Folie verpackt und damit vor dem Austrocknen geschützt sind; 10 kg dieses gebrauchsfertigen Tons kosten etwa zehn Mark. Die Tonfarbe ist nicht so wichtig, ich verarbeite gern einen dunkelbrennenden Ton. Er wird feucht verarbeitet, getrocknet und im Ofen gebrannt.
Erkundige Dich beim Einkauf gleich nach Brennmöglichkeiten!
Du brauchst übrigens etwa 15 bis 20 Tonbrote, wenn Du alle Modelle in diesem Buch nacharbeiten willst.

Wie muß der Ton beschaffen sein?

Der Ton darf nicht zu trocken oder zu naß sein. Wenn er an Deinen Handflächen kleben bleibt, ist der Ton zu naß. Laß ihn ohne Folie eine Weile auf Zeitungspapier abtrocknen. Wenn Dein Handabdruck auf dem Ton gut sichtbar ist, hat er die richtige Beschaffenheit. Bilden sich beim Formen kleine Risse an der Oberfläche, ist der Ton zu trocken. Knete ihn mit etwas Wasser durch.

Schlicker

Wozu brauchst Du Schlicker?

Schlicker brauchst Du immer zum Töpfern: Du benutzt ihn als Kleber, um Henkel, Tüllen oder Griffe anzusetzen. Wenn Du auf einen Gefäßboden eine Wandung bringen willst, mußt Du auch Schlicker verwenden, damit Boden und Wandung sich nicht voneinander lösen. Bevor Du Schlicker aufträgst, mußt Du die betreffenden Stellen immer mit der Gabel aufrauhen, damit der Schlicker gut in den Ton einziehen kann.

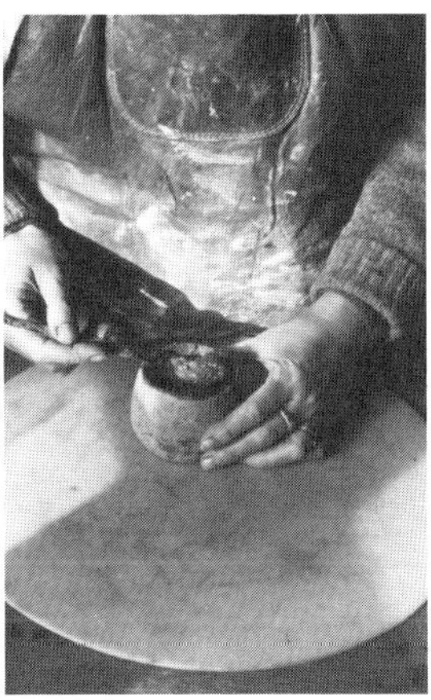

Wie machst Du Schlicker?

Zerbrösle Dir ein wenig Ton auf Zeitungspapier und laß ihn trocknen. (Nie nassen Ton verwenden!) Mit der Teigrolle rollst Du den Ton, nachdem er ganz trocken geworden ist, zu Mehl und gibst es in einen Becher. Mit etwas Wasser und einer Gabel rührst Du alles zu einem dicken Brei. Fertig ist der Schlicker!
Du wirst ihn gelegentlich mit etwas Wasser verdünnen müssen. Sollte Dein Schlicker ausgetrocknet sein, kannst Du ihn einfach mit Wasser wieder zu einem sämigen Brei rühren.

Glasur und Brennmöglichkeit

Wo bekommst Du Glasur?

Ich bekomme meine Glasur als Mehl immer dort, wo ich meinen Ton kaufe, da könnte ich meine Arbeiten auch brennen lassen. Wichtig ist, daß Ton und Glasur aus einer Quelle kommen und zusammen passen. Die Schwindungen beim Brennen müssen ungefähr gleich sein, sonst gibt es Risse oder dicke Tropfenbildung auf der Oberfläche. Wenn Du Dich nach einer Brennmöglichkeit (Schule, Freizeitzentrum oder Jugendhaus) erkundigst, vergiß nicht zu fragen, wie hoch Ton und Glasur gebrannt werden dürfen. Das ist immer unterschiedlich.

Wie bereitest Du Glasur zu?

Das Glasurmehl wird in einem Eimer mit Wasser sämig gerührt. Danach ein paar Stunden stehenlassen, damit es quellen kann. Mit einem Pinsel passierst Du dann die Glasur durch ein ganz feinmaschiges Sieb. Deine getrocknete und vorgebrannte Tonarbeit tauchst Du in den Eimer oder übergießt sie mit Hilfe einer Kelle. Du kannst die Arbeit auch bemalen. Dazu brauchst Du einen Pinsel und „belegst" sie mit Glasur. Die Standflächen mußt Du freiwischen, im Ofen würde Deine Arbeit sonst festbrennen. Dunklere Glasuren immer zum Schluß auftragen, sie decken die helleren ab.

Kleine Kerzenhalter

Für Deinen Kerzenhalter brauchst Du: Tonerde, eine Teigrolle, eine leere Konservendose von etwa 8 cm Durchmesser, einen Teigschaber zum Glätten, Zeitungspapier, eine alte Glühlampe und Schlicker.

Mit der Teigrolle (aus Holz) walzt Du Dir auf Zeitungspapier Ton zu einem Fladen, möglichst gleichmäßig, $1/2$ cm dick. Wenn der Ton an der Kuchenrolle klebt, ist er zu naß; laß ihn dann ein wenig auf Zeitungspapier trocknen.

Von der Konservendose entfernst Du Deckel und Boden und stichst damit Kreise aus. Mit der alten Glühlampe drückst Du vorsichtig Dein Tonplätzchen heraus. Dadurch entsteht eine schöne, gleichmäßige Delle.

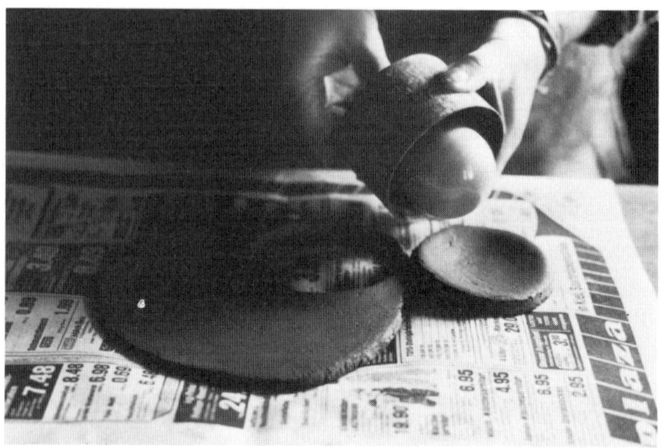

Nun vorsichtig
einen zweiten Kreis
ausstechen.

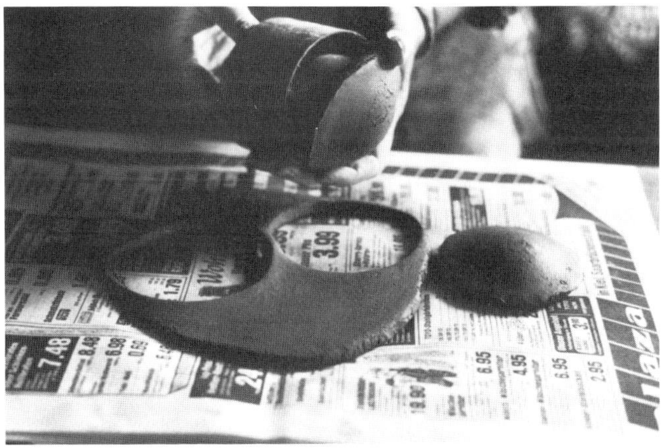

Mit der Glühlampe vorsichtig den zweiten Tonkreis herausdrücken.

Nun beide Tonkreise an den Kanten sorgfältig mit den Fingern glätten.

Mit einem kleinen Teigschaber beide Teile nacharbeiten, vorsichtig, damit Du die Delle nicht flachdrückst.

Mit der Gabel rauhst Du die Ansatzstellen auf und bestreichst sie kräftig mit Schlicker. Wie Du Schlikker herstellst, kannst Du in der Einleitung, S. 7, nachlesen.

Mit leichtem Druck beide Kreise aufeinandersetzen, trocknen lassen und dann brennen und glasieren. Glasur darf nicht auf der Standfläche sein, sonst brennt Dein Kerzenhalter im Ofen fest. Ich habe mir mehrere Kerzenhalter dunkelbraun glasiert.

Salz- und Pfeffernäpfchen

Du brauchst Tonerde, eine Teigrolle, Zeitungspapier, ein Messer, einen Teigschaber, eine Konservendose mit 7 cm Durchmesser und Schlicker, um Salz- und Pfeffernäpfchen zu formen, die ähnlich wie die Kerzenhalter aus je zwei Teilen entstehen.

Mit der Teigrolle walzt Du den Ton flach, 1/2 cm stark. Von der Konservendose entfernst Du den Deckel und Boden und stichst mit ihr zwei Tonkreise aus: Das sind die Böden. Nun rollst Du eine gleichmäßige Tonrolle, etwa 15 cm lang, daumendick.

Mit der Teigrolle walzt Du sie auf 1/2 – 1 cm flach, so bekommst Du ein Band mit einer Breite von ca. 3 cm. Das sind die Wandungen.

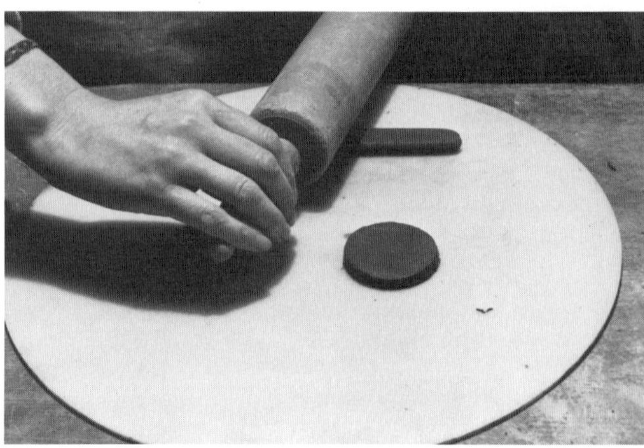

Mit der Gabel rauhst Du die Böden am Rand auf und bestreichst sie kräftig mit Schlicker. Das Tonband legst Du nun vorsichtig auf die Schlickerstellen.

Mit dem Messer verstreichst Du von außen alle Ansatzstellen sehr sorgfältig.

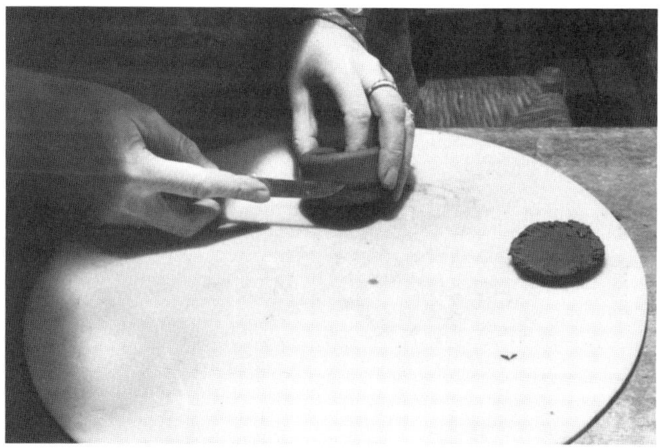

Zum Verstreichen im Innern rollst Du ein Tonröllchen, drückst es innen vorsichtig mit dem Finger an und verstreichst es gut, damit Boden und Wandung eine saubere und glatte Verbindung bekommen.

Nachdem Du beide Teile mit dem Teigschaber geglättet hast, rauhst Du die Böden mit der Gabel außen auf und schlikkerst sie. Mit leichtem Druck setzt Du beide Formen aufeinander.

Mit einem Kochlöffelstiel oder einer kleinen Kuchenrolle kannst Du kleine Vertiefungen in die Kante drücken; so bekommst Du einen schönen Abschluß. Du kannst die Arbeit nun zum Trocknen zur Seite stellen. Ein zweites Stück wird nach gleichem Verfahren hergestellt.

Deine Pfeffer- und Salznäpfchen sind nun fertig. Ich habe mir eine ganze Anzahl getöpfert und benutze sie auch als Eierbecher. Für die Näpfchen gibt es in Haushaltswarengeschäften ganz kleine Holzschaufeln.

Gewürzdosen

Um die Gewürzdosen zu arbeiten, brauchst Du natürlich Tonerde, eine Teigrolle, ein Messer, einen Teigschaber, eine Konservendose mit 8 – 9 cm Durchmesser, Schlicker, ein langes Lineal und je Dose einen Korken mit 7 – 8 cm Durchmesser sowie einen wasserfesten Filzschreiber.

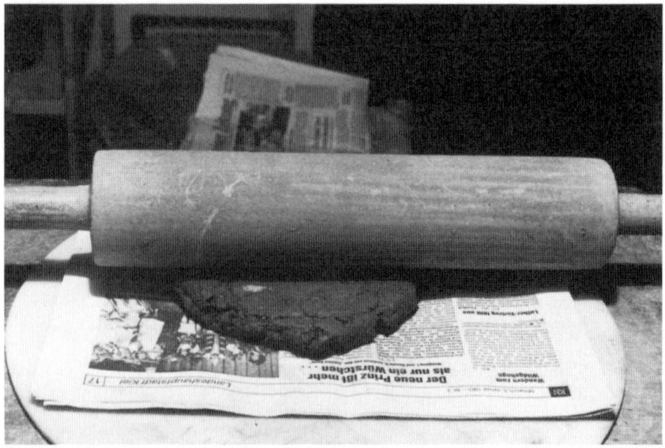

Zuerst rollst Du den Ton auf Zeitungspapier aus, ca. 1 cm stark. Mit der Konservendose (Deckel und Boden entfernen) stichst Du die Böden aus.

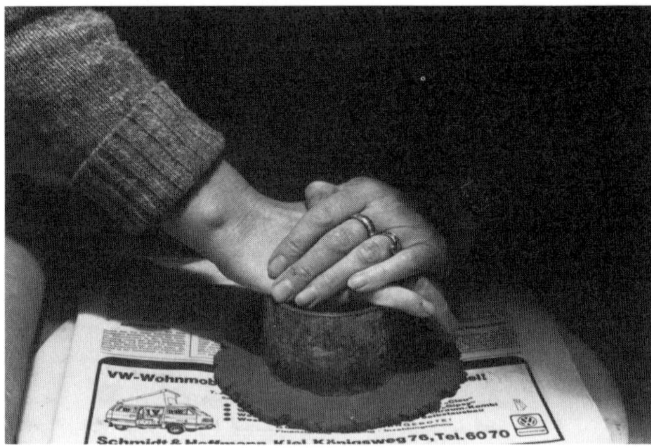

Roll Dir dann eine dickere Wurst zurecht. Mit Hilfe der Teigrolle walze ein Band daraus auf Zeitungspapier, damit es nicht am Tisch festklebt. Es soll gleichmäßig $1/2$ cm stark sein.

Mit dem Messer schneidest Du das Band zurecht, 5 – 6 cm breit und ca. 27 – 28 cm lang. Das ist die Wandung. Den Boden schlickerst Du ringsherum auf der Kante.

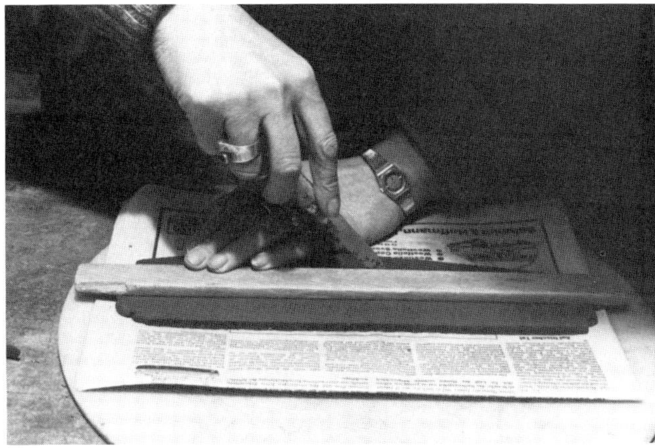

Das Band setzt Du senkrecht auf die geschlickerten Stellen des Bodens, genau bündig mit dessen äußerer Kante. Die Enden legst Du übereinander, so hast Du genug Ton zum Verstreichen.

Die Nahtstelle gut glätten, damit sie nicht mehr zu erkennen ist. Nun Boden und Wandung von außen ebenso sorgfältig verstreichen.

Eine kleine Tonwulst wird nach innen rundherum gelegt. So hast Du auch hier ausreichend Ton, um eine gute Verbindung zwischen Boden und Wandung zu bekommen.

Von innen und außen glättest Du die Gewürzdosen mit dem Teigschaber, die Kante am besten mit dem Finger. Ich habe die Wandung in der Mitte mit dem Finger leicht nach außen gedrückt, so bekam meine Gewürzdose einen kleinen Bauch.

Nach dem Trocknen, Glasieren und Brennen mußt Du die Korken einpassen. Ich habe mit dem Küchenmesser einen Falz hineingeschnitten und die Schnittfläche mit Schleifpapier geglättet. Mit dem wasserfesten Filzschreiber kannst Du ganz zum Schluß die Gewürznamen draufschreiben.

Vorratstöpfe

Wenn Du diese Vorratstöpfe nacharbeiten möchtest, brauchst Du Tonerde, eine Teigrolle, einen Teigschaber, ein Messer, Zeitungspapier, Schlicker und Korken mit etwa 13 cm Durchmesser aus dem Bastelgeschäft. Die Korken auf jeden Fall vorher besorgen, damit Du die Öffnungsgrößen Deiner Vorratstöpfe passend wählen kannst.

Mit der Teigrolle walzt Du auf Zeitungspapier Ton aus und schneidest einen Kreis von etwa 13 cm Durchmesser aus. Dann schlickerst Du die Kante und legst eine Tonwulst rundherum, die ungefähr fingerdick ist. Boden und Tonwulst mußt Du von außen und innen gut verstreichen.

Die nächste fingerdicke Tonwulst rollst Du mit der Teigrolle etwas flach und setzt sie senkrecht im schrägen Winkel nach außen auf. Die Ansätze auch hier gut verstreichen. Jetzt setzt Du drei flache Tonwülste gerade darauf, damit Dein Vorratstopf nicht zu bauchig wird. Alle drei Reihen gut verstreichen.

Nun setzt Du die nächste flachgerollte Tonwulst in einem schrägen Winkel nach innen auf, auch eine zweite, so schließt sich die Form etwas. Sorgfältig verstreichen!

Jetzt mußt Du probieren, ob Dein Korken ungefähr auf die Öffnung paßt. Denke daran, daß der Ton beim Trocknen und Brennen schwindet, also wird die Öffnung auf jeden Fall kleiner. Laß Deinen Topf einen Tag ruhen.

Am nächsten Tag kannst Du Deinen Topf nacharbeiten, glätten und die Öffnung ausrichten. Mit einem kleinen Teigschaber aus weichem Gummi erzielst Du eine schöne Oberfläche.

Zeichne Dir auf den Topf den gewünschten Buchstaben auf und schlickere die Stelle. Rolle Dir eine Tonwulst, so stark wie Dein kleiner Finger, und forme sie zu einem Buchstaben.

Dann schlickerst Du den Buchstaben und setzt ihn mit leichtem Druck auf die geschlickerte Stelle an Deinem Topf. Nun braucht er nur noch zu trocknen und später gebrannt und glasiert zu werden.

Nach dem Glasurbrand paßt Du den Korken endgültig ein. Dazu mußt Du mit dem Küchenmesser einen kleinen Falz in den Korken schneiden. Mit Schleifpapier werden die Schnittflächen geglättet. In diesen Topf passen ca. 1 1/2 kg Salz oder 1 kg Mehl oder 1 1/2 kg Zucker oder 1/2 kg Haferflocken.

Kleines Butterfaß

Um immer streichfähige, aber kühle Butter zu haben, brauchst Du ein Butterfaß im Wasserbad. Dazu benötigst Du Tonerde, eine Teigrolle, ein Messer, einen Teigschaber, Schlicker und Zeitungspapier. Das Butterfaß besteht aus zwei Teilen.

Genau wie beim Vorratstopf auf Seite 22 walzt Du Tonerde auf Zeitungspapier mit der Kuchenrolle 1 cm stark aus. Zwei Kreise mit 14 cm Durchmesser werden ausgeschnitten und an den Kanten geschlickert. Das sind die Böden. Auf einen Boden setzt Du eine fingerdicke Wulst und verstreichst sie gut.

Die nächste Wulst rollst Du mit der Kuchenrolle flach und setzt sie senkrecht auf.

Danach setzt Du noch zwei weitere Reihen senkrecht auf; sie sollen immer daumendick und flachgerollt sein. Verstreiche sie sorgfältig von innen und außen, damit Du eine schöne zylindrische Form bekommst.

Nun ist der Wasserbehälter fertig. Er müßte jetzt etwa 11 cm hoch sein. Richte die Form durch Klopfen und mit dem Teigschaber etwas aus, verstreiche die Abschlußkante gut und stelle die Arbeit zum Trocknen weg.

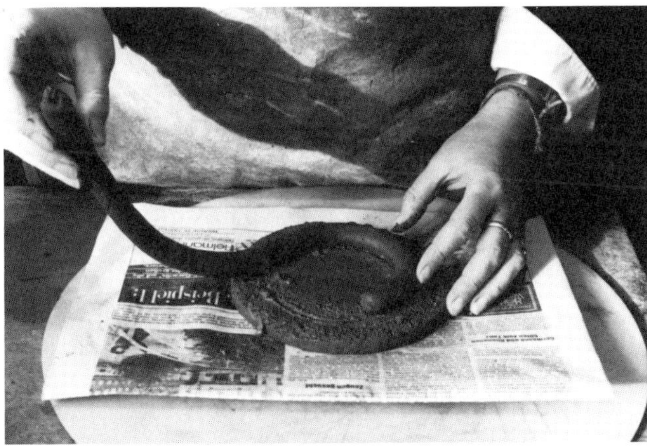

Jetzt nimmst Du den zweiten Boden und schlickerst darauf einen Kreis von etwa 10 cm Durchmesser, s. Foto. Eine daumendicke Tonwulst legst Du auf den Mittelkreis und verstreichst sie gut.

Zwei weitere Tonwülste rollst Du mit der Teigrolle flach und setzt sie senkrecht darauf. So bekommst Du einen 9 – 10 cm hohen Zylinder mit etwa 10 cm Durchmesser. Da hinein streichst Du später die Butter.

Das Butterfaß glättest Du mit dem Teigschaber. Eine kleine Tonwulst, kleinfingerdick, legst Du auf die äußere, geschlikkerte Kante. Mit dem Messer verstreichst Du sie außen und mit dem Finger auch innen. Diese kleine Kante fängt die Wassertropfen auf. Dein Butterfaß ist fertig und kann zum Trocknen weggestellt werden.

Beim Glasieren achte darauf, daß das schlankere Butterfaß der „Deckel" ist, s. Foto, also bitte den „Deckel" glasieren. Es faßt $1/2$ Pfund Butter und wird wie ein Deckel auf und in das Wasserbad gegeben. Täglich frisches Wasser garantiert auch gutschmeckende Butter.

Heringstopf

Der Heringstopf bekommt als Deckel einen Korken mit etwa 12 cm Durchmesser. Du bekommst ihn im Haushaltswarengeschäft. Außerdem brauchst Du Tonerde, eine Teigrolle, ein Messer, einen Teigschaber, Schlicker und Zeitungspapier.

Auf dem Zeitungspapier rollst Du Tonerde mit Hilfe der Teigrolle aus, 1 cm stark. Schneide einen Kreis zurecht, mit etwa 15 cm Durchmesser. Die Kanten schlickerst Du, s. Foto. Eine Tonwulst, daumendick, legst Du rundherum auf die geschlickerte Kante und verstreichst sie mit dem Finger sorgfältig nach innen.

Nimm Dein Messer zur Hilfe und glätte so die Ansätze von außen.

Eine neue Tonwulst, auch daumendick, rollst Du mit der Teigrolle etwas flach und setzt sie auf die erste, in einem leichten Winkel nach außen. Gut verstreichen!

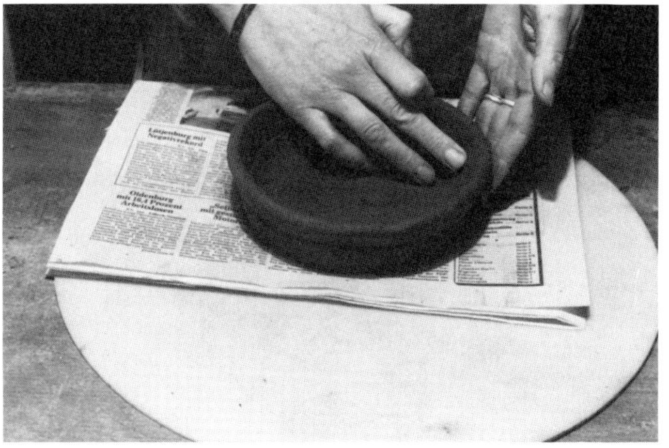

Mit einem Teigschaber glättest Du die Wandung und bringst sie in Form. Mit der linken Hand immer die Wandung von außen stützen. Zwei flachgerollte Tonwülste setzt Du nacheinander darauf, jetzt aber im leichten Winkel nach innen.

Dein Heringstopf wird schön nachgearbeitet und bekommt jetzt zwei kleine Seitenhenkel. Eine Tonwulst, gleichmäßig gerollt, schneidest Du in zwei Stücke, je 8 cm lang.

Forme die Henkel zum Halbkreis und schlickere sie. Die Ansatzstellen auf dem Heringstopf mußt Du auch schlickern, dann mit leichtem Druck die Henkel ansetzen.

Nun ist Dein Heringstopf fertig. Passe Deinen Korken ein, bedenke aber dabei, daß der Ton beim Trocknen und Brennen schrumpft.

Nach dem Trocknen, Glasieren und Brennen kannst Du den Korken zurechtschneiden. Mit dem Küchenmesser einen Falz einarbeiten und mit Schleifpapier anschließend glätten.

Milchtopf

Der Milchtopf faßt 1 l Milch. Du brauchst dazu Tonerde, eine Teigrolle, ein Messer, einen Teigschaber, Schlicker und Zeitungspapier.

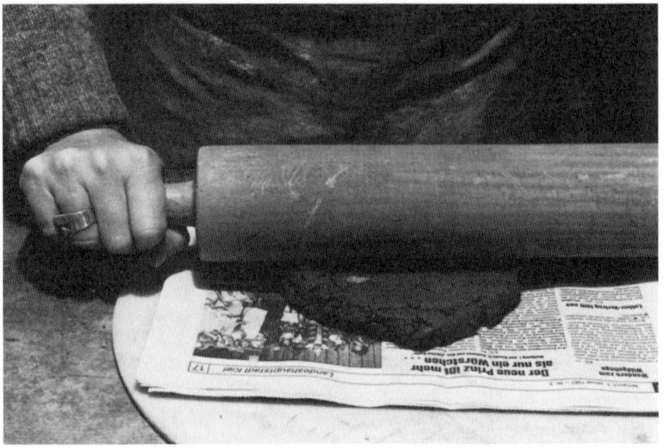

Mit der Teigrolle walzt Du auf Zeitungspapier Tonerde aus, ca. 1 cm stark, und schneidest einen Kreis zurecht, mit 15 cm Durchmesser. Nun schlickerst Du die Kante rundherum gut an. Eine Tonwulst, fingerdick, legst Du darauf und verstreichst sie gut mit dem Zeigefinger.

Von außen kannst Du mit dem Küchenmesser eine gute Verbindung schaffen zwischen Wandung und Boden.

Nun rollst Du drei Tonwülste zurecht und flachst sie mit der Teigrolle. Du setzt sie nacheinander senkrecht auf und verstreichst jede Reihe sehr sorgfältig.

Mit dem Teigschaber glättest Du die Wandung und verstreichst die Kante sorgfältig mit dem Finger. Mit der linken Hand stützt Du die Wandung von außen und mit dem rechten Mittelfinger drückst Du eine Tülle heraus.

Eine 15 cm lange, mehr als daumendicke Tonwulst wird zum Henkel; halbkreisförmig legst Du sie auf den Tisch und schlickerst beide Enden. Auch die Ansatzstellen auf der Wandung schlickern.

Mit leichtem Druck setzt Du den Henkel an. Mit der linken Hand die Wandung von innen stützen. Zwei kleine Tonwülste, kleinfingerdick, legst Du unten und oben um die Ansatzstellen.

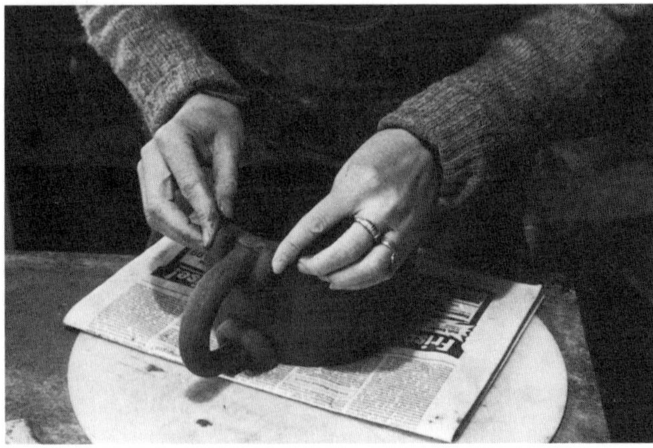

So hast Du genug Tonmaterial, um eine schöne Verbindung zwischen Wandung und Henkel zu schaffen. Verstreiche alles sorgfältig mit dem Finger.

Nun kannst Du den Milchtopf zum Trocknen wegstellen. Du darfst auf keinen Fall vergessen, den Henkel mit Folie zu umwickeln. Er würde sonst zuerst trocknen. Der Topf aber trocknet später, und der Henkel bekäme einen Riß. Später glasieren und brennen!

Nußkorb

In diesem Korb sehen Nüsse sehr schön aus, aber auch Weintrauben oder Tomaten. Wieder brauchst Du Tonerde, eine Teigrolle, ein Messer, einen Teigschaber, Schlicker und Zeitungspapier.

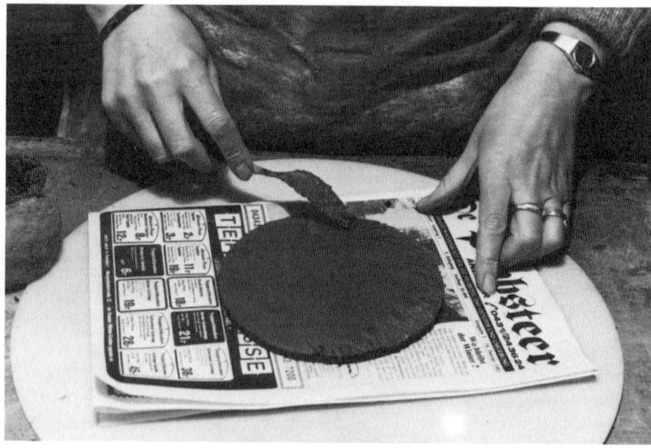

Auf dem Zeitungspapier rollst Du Ton zu einer 1 cm dicken Platte aus. Mit dem Messer schneidest Du daraus einen Kreis mit 15 cm Durchmesser. Die Kante schlickerst Du an und setzt eine fingerdicke Tonwulst auf.

Die verstreichst Du gut von außen und innen. Die nächste Tonwulst rollst Du vorher etwas mit der Teigrolle flach und setzt sie im leichten Winkel nach außen auf. So bekommst Du eine leichte Ausbuchtung.

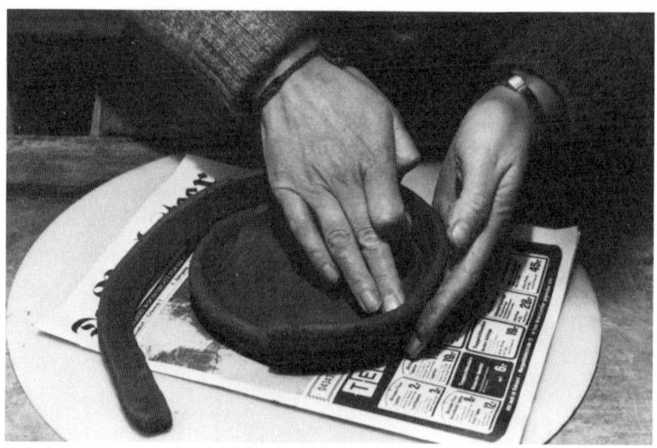

Drei weitere flachgerollte Tonwülste werden jetzt nacheinander senkrecht darauf gesetzt, jede für sich sorgfältig verstrichen. Die Grundform für Dein Körbchen ist fertig.

Mit dem Teigschaber glättest Du die Form von innen und außen. Die Abschlußkante verstreichst Du gut mit dem Finger. Die Ansatzstellen für den Henkel markierst Du und schlickerst sie kräftig an.

Nun rollst Du einen Henkel. Er muß etwas mehr als daumendick sein, ein dünnerer Henkel wirkt ungelenk. Die 40 cm lange Tonwulst legst Du im Halbkreis auf die Arbeitsfläche und drückst die beiden Enden etwas flach und schlickerst sie an.

Nach ein bis zwei Stunden hat der Henkel durchs Trocknen solche Festigkeit erreicht, daß er nicht mehr kippt, wenn Du ihn ansetzt. Durch leichten Druck bekommt er Halt. Kleine Tonbröckchen links und rechts der Ansatzstellen geben ausreichend Material zum Verstreichen.

Sehr sorgfältig mußt Du dabei zu Werke gehen, immer mit der linken Hand von innen stützen. Mit Finger und Teigschaber erzielst Du zum Schluß ein gute Oberfläche.

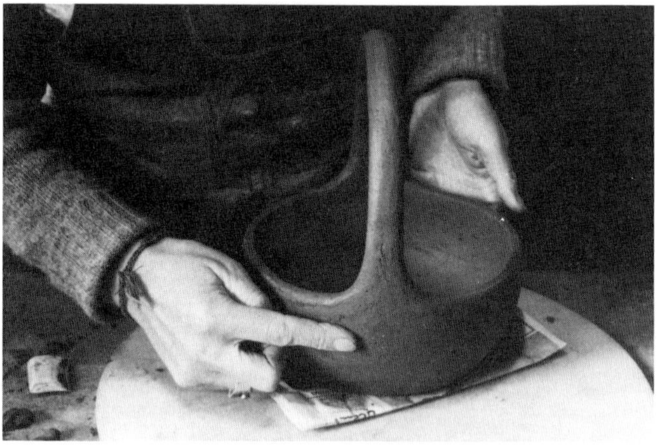

Das Körbchen kannst Du zum Trocknen wegstellen, Du darfst aber auf keinen Fall vergessen, den Henkel mit Folie einzuwickeln. Er darf nicht schneller als das Gefäß trocknen, sonst bekommt er Risse.

Tortenplatte mit Sockel

Die Tortenplatte wird aus zwei Teilen gearbeitet. Dazu brauchst Du folgendes Material: ein ganzes Tonbrot, eine Teigrolle, ein Messer, eine Tischlerplatte mit 45 cm Durchmesser, einen Teigschaber, Schlicker und Zeitungspapier, dazu noch Keramikkleber (Bastelgeschäft).

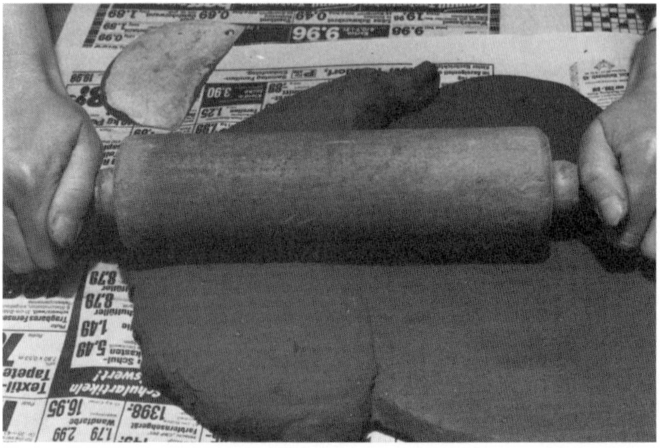

Auf Zeitungspapier walzt Du einen großen Tonfladen aus, 2 cm stark, die Ansätze immer schön übereinander rollen. Beim Tischler hast Du vorher eine runde Tischlerplatte mit 45 cm Durchmesser zuschneiden lassen. Mit dem Messer schneidest Du an ihrem Rand entlang Deinen Tonfladen zurecht. Das ist der Boden der Tortenplatte.

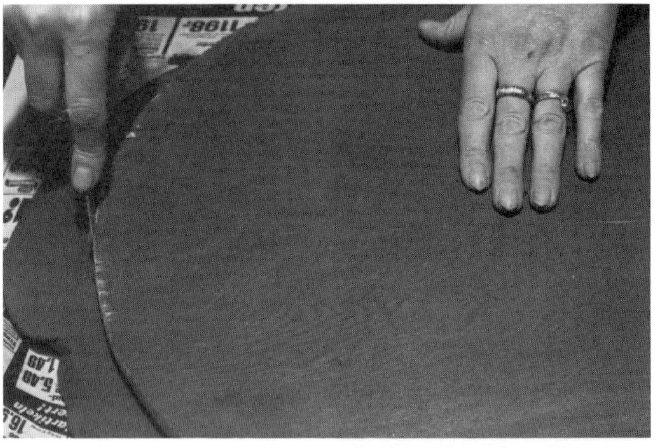

Eine lange, sehr gleichmäßige Tonrolle, zwei Finger dick, wird zur Kante Deiner Tortenplatte. Es ist einfacher, sie in zwei oder drei Teilen zu rollen.

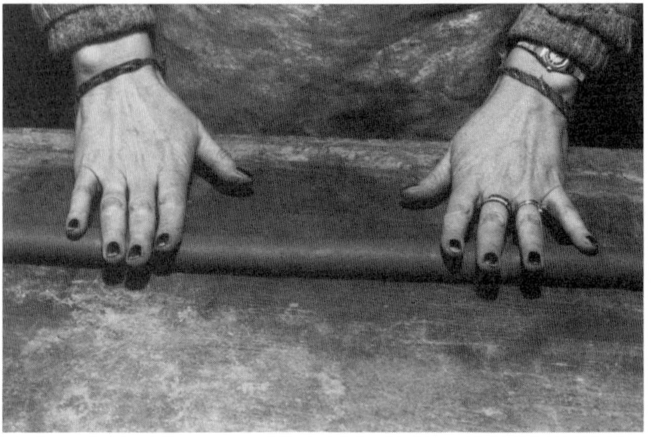

Den Boden rauhst Du an der Kante auf und schlickerst ihn. Mit leichtem Druck setzt Du die dicke Tonrolle darauf, verstreichst die Ansatzstellen erst grob und dann sorgfältig mit dem Finger von innen und außen.

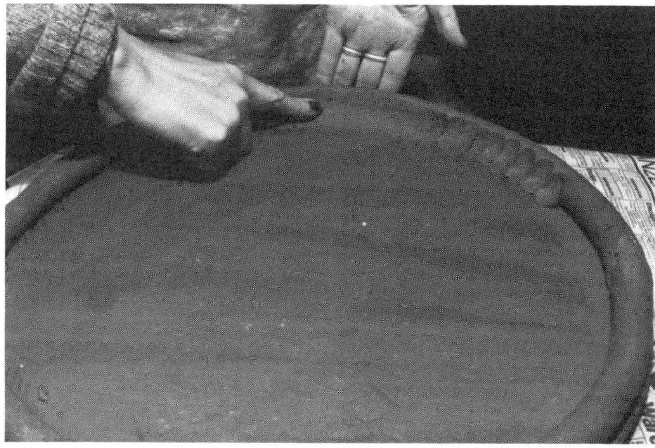

Mit einem Plastikteigschaber bringst Du die Kante in Form. Der Boden der Tortenplatte ist jetzt fertig. Die Kante deckst Du rundherum mit Folie ab, damit die Tortenplatte von innen heraus trocknen kann. Danach läßt Du sie brennen.

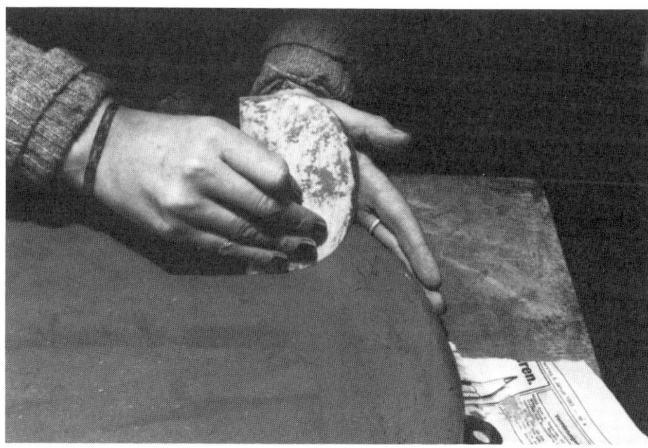

Für den Sockel rolle Dir einen Boden von 13 cm Durchmesser aus, 1 $1/2$ cm stark. Den rauhst Du auf und schlickerst ihn. Eine Tonrolle, daumendick, setzt Du auf und verstreichst die Ansatzstellen genauso sorgfältig wie bei der Tortenplatte.

Eine weitere Tonwulst, mit der Rolle flach gerollt auf 1 cm Stärke, setzt Du im schrägen Winkel nach außen auf und verstreichst die Ansatzstelle gut. Eine dritte flachgerollte Tonwulst kommt senkrecht darauf.

Jetzt brauchst Du nur noch zwei flache Tonrollen nach innen aufsetzen, damit die Form sich schließt, und Dein Sockel ist fertig. Mit dem Teigschaber bringst Du ihn gut in Form. Nach dem Trocknen kommt er in den Ofen zum Brennen.

Wenn Du beide Teile aus dem Brand zurück hast, brauchst Du nur noch Sockel und Tortenplatte mit einem Keramikkleber (Bastelgeschäft) zusammenkleben. Laß die Arbeit 24 Stunden stehen, damit der Kleber gut abbinden kann.

Gurkentopf

Für den Gurkentopf brauchst Du eine Tischlerplatte mit 30 cm Durchmesser, Tonerde, eine Teigrolle, ein Messer, einen Teigschaber, ein Lineal, Schlicker und Zeitungspapier.

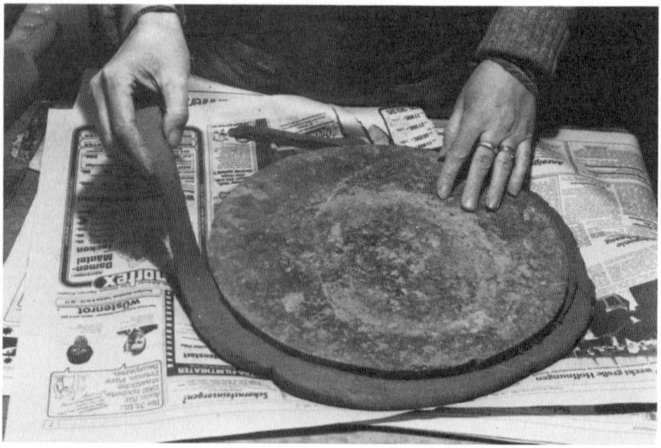

Auf Zeitungspapier rollst Du mit der Teigrolle Tonerde aus. Der Boden soll 30 cm Durchmesser bekommen, darum darf er etwas stärker sein, nämlich 1 ½ – 2 cm dick. Mit Zeitungspapier legst Du Dir den zurechtgeschnittenen Boden auf die Tischlerplatte.

Die Kante wird gut geschlickert und mit einer Tonwulst belegt, die etwas stärker als daumendick sein soll. Von innen und außen sorgfältig mit Teigschaber und Finger die Ansätze verstreichen.

Die nächste Tonwulst rollst Du mit der Teigrolle etwas flach und setzt sie gerade darauf. Auch hier wieder die Ansätze sorgfältig verarbeiten.

Am ersten Tag werden nur insgesamt fünf Reihen aufgesetzt, jede Reihe für sich immer ordentlich verarbeitet und die Form mit dem Teigschaber ausgerichtet. Ungefähr 17 cm hoch ist dann der Gurkentopf. Mit Folie wird die obere Kante abgedeckt und der Topf einen Tag zum Trocknen zur Seite gestellt.

Am zweiten Tag hat der Topf durch Austrocknen Festigkeit bekommen. Du nimmst die Folie ab und setzt weitere Tonwülste auf, bis der Topf etwa 30 cm hoch ist. Nun glättest Du die ganze Form durch Klopfen mit dem Lineal und Streichen mit dem Teigschaber.

Nun formst Du zwei Henkel. Sie müssen ziemlich kräftig sein und 25 cm lang. Forme sie zum Halbkreis und schlickere die Enden kräftig an.

Den Topf überarbeitest Du noch einmal, glättest die Abschlußkante und schlickerst die Henkelansatzstellen an der Wandung recht kräftig. Mit leichtem Druck setze die Henkel an, stütze dabei die Wandung mit der linken Hand von innen.

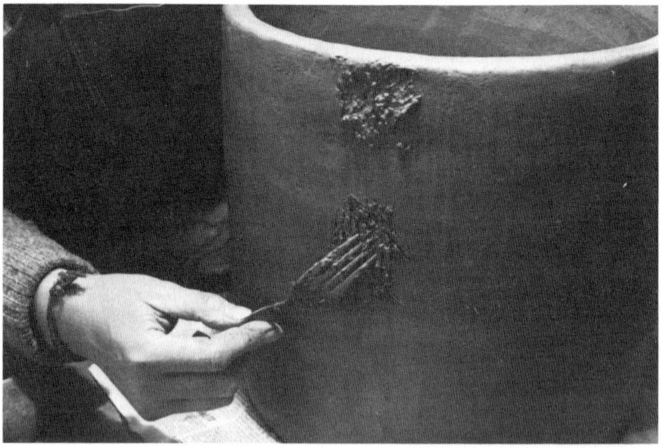

Wie auf Seite 36 zu sehen ist, legst Du je ein Tonröllchen um die Henkelansätze, damit Du genug Tonmaterial zum Verstreichen hast. Dann die Henkel mit Folie umwickeln und den Topf zum Trocknen wegstellen. Nach etwa drei Tagen kannst Du ihn auf den Kopf stellen, damit nun der Boden trocknen kann. Glasieren und brennen – fertig!

Soßenschale

Die Form der Soßenschale habe ich bei den Guanchen (Ureinwohner der Kanarischen Inseln) abgeguckt. Hier ist nämlich Tülle = Griff. Dazu brauchst Du wieder Tonerde, eine Teigrolle, ein Lineal, ein Messer, einen Teigschaber, einen Bleistift, Schlicker und Zeitungspapier.

Einen kreisförmigen Boden von 11 cm Durchmesser rollst Du auf Zeitungspapier aus und schlickerst die Kanten. Darauf setzt Du eine fingerdicke Tonrolle und verstreichst die Ansätze gut. Danach formst Du drei Tonrollen und walzt sie flach. Eine setzt Du im schrägen Winkel nach außen auf und zwei gerade darauf. Die Grundform ist fertig.

Mit dem Teigschaber glättest Du die Form von innen und außen. Die Abschlußkante arbeitest Du mit dem Finger nach. Auf Zeitungspapier rollst Du Ton aus ($^1/_2$ cm dick) und schneidest mit dem Messer einen Streifen zu: 5 cm breit und 6 cm lang. Das wird die Tülle.

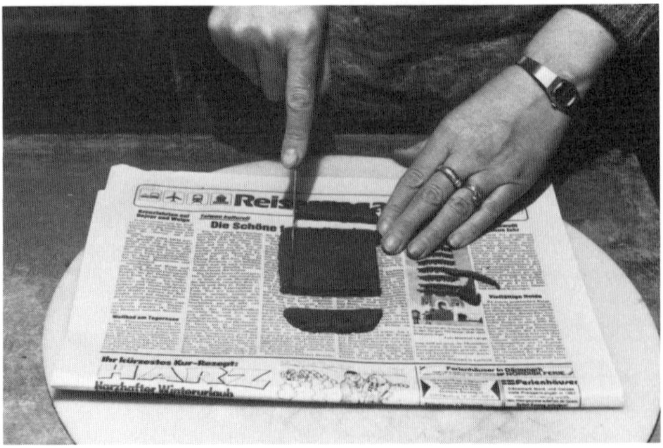

Den Tonstreifen wickelst Du um den linken Zeigefinger, die Enden legst Du übereinander und verstreichst die Nahtstelle gut. Am besten geht es von außen mit dem Messer und von innen mit dem Bleistift. Die Tülle ist fertig.

Mit dem Finger drückst Du eine Mulde nach draußen in die Abschlußkante. Die Mulde schlickerst Du gut und auch die eine Seite der Tülle.

Mit der linken Hand unterstützt Du die Wandung von außen und setzt die Tülle mit leichtem Druck in das Muldenbett, ein wenig nach oben gerichtet. Den Ansatz von innen und außen gut verstreichen.

Zwei Tonbröckchen rechts und links der Tülle geben genug Tonmaterial, um eine gute seitliche Verbindung zwischen Tülle und Wandung zu bekommen.

Verstreiche alle Ansätze sorgfältig mit dem Finger und drücke vorsichtig mit einem Bleistift (oder Modellierholz) eine Rinne in den Tüllengriff, so kann die Soße ihren Weg später besser finden.

Bevor Du die Soßenschale zum Trocknen wegstellst, mußt Du der Tülle noch eine Schnaupe ziehen. Mit der linken Hand hältst Du die Tülle zwischen Daumen und Zeigefinger, und mit dem rechten Zeigefinger drückst Du eine Schnaupe nach unten. Später glasieren und brennen.

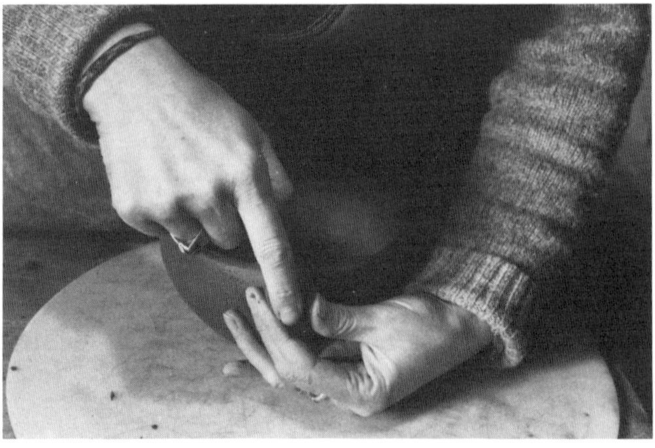

Blumenkrug

Der Bodenkrug wird eine Arbeit über mehrere Tage. Dazu brauchst Du eine Tischlerplatte mit 33 cm Durchmesser, Tonerde, eine Teigrolle, ein Messer, Schlicker und Zeitungspapier.

Den Ton rollst Du auf Zeitungspapier 2 cm stark aus und schneidest mit Hilfe der Tischlerplatte einen Kreis aus mit 33 cm Durchmesser. Diesen Boden legst Du mit Zeitungspapier auf die Tischlerplatte und schlickerst die Kanten gut an. Darauf legst Du eine Tonrolle, zwei Finger dick, und verstreichst die Ansätze sorgfältig.

Die nächsten Tonwülste werden flachgerollt. Zwei setzt Du im schrägen Winkel nach außen auf und verstreichst sie gut, erst mit dem Finger, dann mit dem Teigschaber.

Nun deckst Du die letzte Reihe mit Folie ab und stellst die Arbeit für einen Tag zur Seite. So kann der Ton etwas abtrocknen, und die Form wird stabiler, sie fällt nicht in sich zusammen.

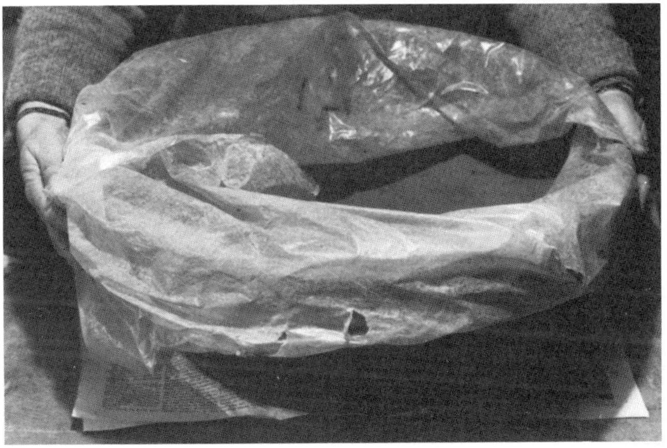

Am nächsten Tag arbeitest Du weiter. Bereite mehrere Tonwülste vor und walze sie mit der Kuchenrolle flach. Drei Reihen kannst Du senkrecht aufsetzen, Du mußt sie natürlich sorgfältig verstreichen. Dann unterbrichst Du wieder; die Arbeit mit Folie zum Abtrocknen stehenlassen.

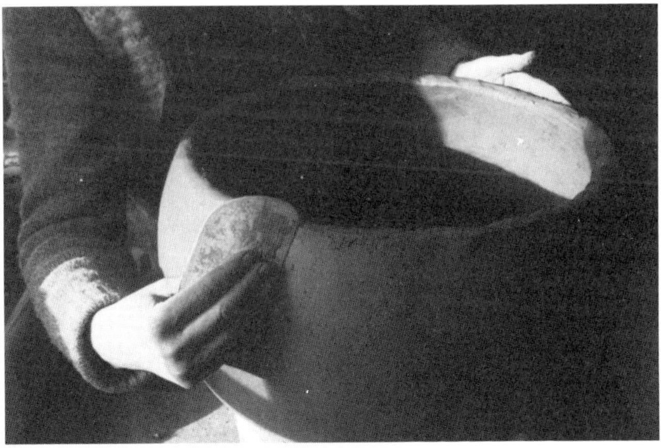

Am dritten Tag setzt Du nach und nach vier flachgewalzte Tonrollen mit leichter Neigung nach innen auf, damit die Form sich langsam schließt. Es bleibt eine Öffnung von etwa 25 cm Durchmesser. Senkrecht darauf setzt Du noch eine Tonrolle, verstreichst sie, deckst sie mit Folie ab und mußt nun wieder einen Tag warten.

Am vierten Tag kannst Du die ganze Form noch einmal gründlich überarbeiten. Dann ziehst Du eine Schnaupe in den Rand, s. Foto. Mit dem Finger glättest Du die Abschlußkante.

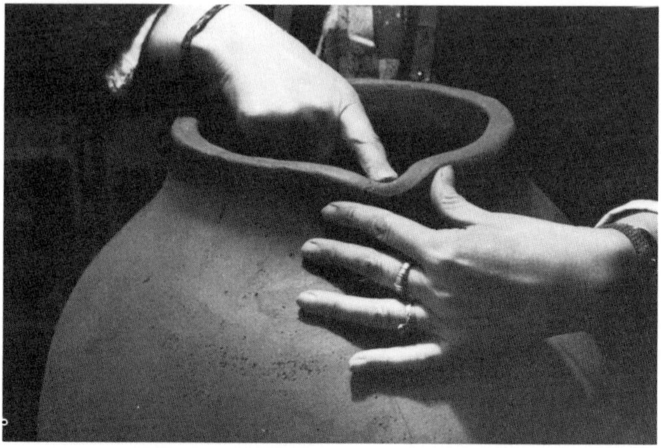

Gegenüber der Schnaupe, oberhalb des Bauches, markierst Du die Henkelansätze und schlickerst die Stellen, mit etwa 10 cm Abstand voneinander. Eine dicke Tonrolle, 25 cm lang, zum Halbkreis geformt, ergibt den Henkel. Die Enden gut schlickern, ansetzen und mit kleinen Tonrollen die Ansätze verstreichen. Zum Trocknen Folie nicht vergessen!

Hier siehst Du, wie sorgfältig Du arbeiten solltest. Der Henkel muß aus der Form „herauswachsen". Die Henkel quer anzusetzen, ist eine überlieferte Form meiner Heimat, der Probstei. Nach zwei bis drei Tagen ist der Krug gut abgetrocknet, so kannst Du ihn auf den Kopf stellen, damit der Boden zuerst durchtrocknen kann.

Obstschale

Für diese Arbeit brauchst Du eine Tischlerplatte mit 45 cm Durchmesser (Du kannst natürlich auch einen anderen Durchmesser wählen). Ferner Tonerde, eine Teigrolle, ein Messer, einen Teigschaber, Schlicker und Zeitungspapier.

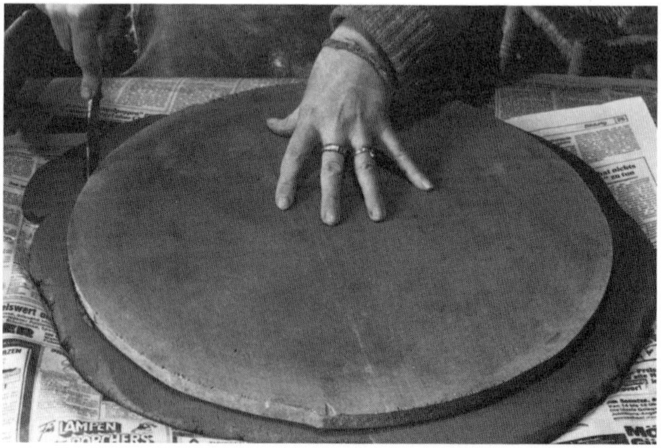

Rolle eine große Menge Ton auf Zeitungspapier 2 cm stark aus und schneide daraus einen Kreis von 45 cm Durchmesser aus. Diesen Boden legst Du auf die Tischlerplatte und schlickerst die Kanten. Eine dicke Tonrolle wird als Rand aufgesetzt und gut mit dem Finger verstrichen.

Mit dem Teigschaber richtest Du die Form aus und glättest sie von innen und außen.

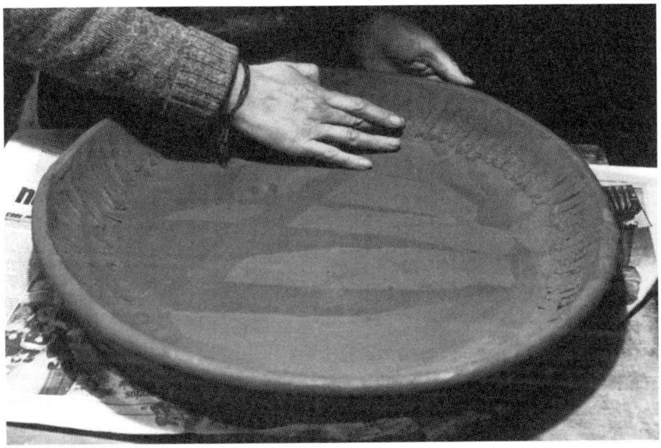

Die nächste Tonwulst, flachgerollt, setzt Du im schrägen Winkel nach außen auf. Auch hier gut verstreichen. Die Wandung der Obstschale ist fertig.

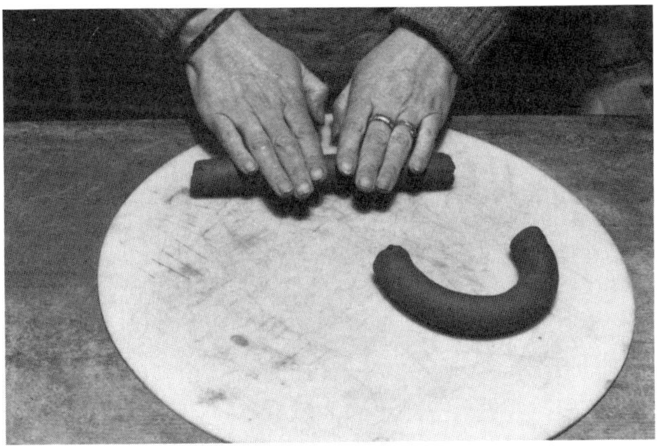

Nun bereitest Du die Henkel vor. Zwei dicke Tonrollen, 20 cm lang, biegst Du zum Halbkreis. Die Enden gut schlickern.

Markiere die Henkelansätze am Schalenrand und schlickere sie kräftig. Die Henkel werden mit leichtem Druck aufgesetzt, dabei stützt die linke Hand die Wandung von außen.

Mit kleinen Tonbröckchen rechts und links jeder Ansatzstelle bekommst Du genug Tonmaterial zum Verstreichen. Laß Dir viel Zeit dabei und gib Dir Mühe.

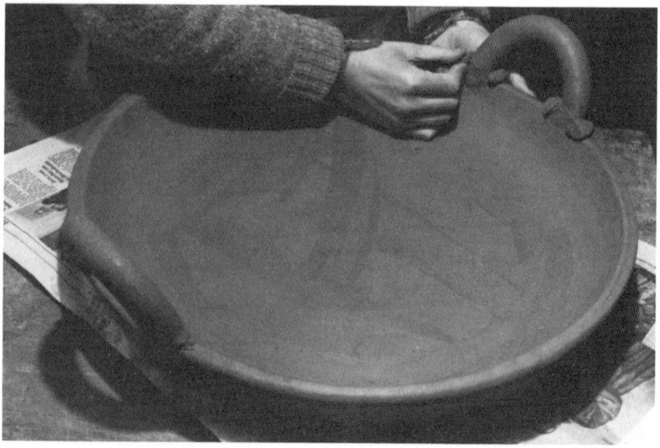

Nun ist die Obstschale fertig. Nach drei bis vier Tagen ist die Form so weit abgetrocknet, daß Du sie schräg stellen kannst, so bekommt der Boden auch Luft von unten und kann besser abtrocknen.

Beim Trocknen darfst Du nicht vergessen, die Henkel mit Folie zu umwickeln. Gut wäre es auch, wenn Du die Abschlußkante mit Folie belegtest. So hast Du die Gewißheit, daß auf jeden Fall erst der Boden von unten nach oben abtrocknen kann. Später glasieren und brennen.

Backschüssel

Du kannst Deine Obstschale so verändern, daß daraus eine Backschüssel wird. Laß die Henkel weg und setze dafür einfach noch zwei weitere flachgerollte Tonwülste auf, eine senkrecht und eine im leichten Winkel nach innen. Alles gut verstreichen.

Du arbeitest jetzt auch zwei Henkel, schlickerst sie aber außen an die Wandung mit leichtem Druck an. Die linke Hand stützt von innen. Mit Hilfe einer kleinen Tonrolle bekommst Du oberhalb der Henkel genug Tonmaterial zum Verstreichen.

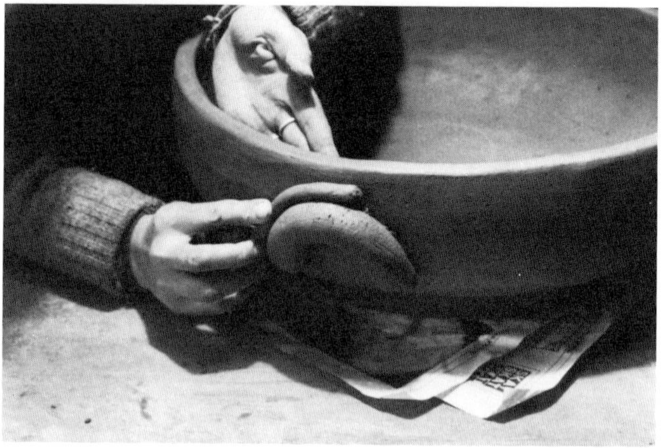

Mir gefällt diese Griffmulde sehr gut, und sie hat sich als praktisch erwiesen. Nach drei bis vier Tagen kannst Du die Backschüssel zum Trocknen auf den Kopf stellen. Sehr wichtig, damit der Boden erst durchtrocknen kann. Danach glasierst und brennst Du sie.

Tina Schwichtenberg
Geschirr töpfern

Format	15 x 20,5 cm.
ISBN	3-473-45667-5

Machen Sie Ihr Service selber ...

Ein komplettes Keramik-Service, mit Tellern und Bechern, Schalen und Krügen – verblüffend einfach herzustellen, ganz ohne Töpferscheibe.
Alle Teile des Geschirrs entstehen nach dem gleichen Aufbau-Prinzip: aus ausgerollten Tonplatten und in klassischer Wickeltechnik.
Nacharbeiten kann es jeder, der sich genau an die klar erklärten und anschaulich in Fotofolgen dargestellten Arbeitsschritte hält.

Ravensburger ®

Ravensburger Buchverlag

Tina Schwichtenberg
Figuren aus Ton

Format	15,3 x 23,5 cm.
ISBN	3-473-45407-9

Künstlerische und technische Aspekte des Modellierens von Plastiken mit Ton.

Ein Exkurs in die Kunstgeschichte stellt den Hintergrund und typische Merkmale antiker Plastiken dar. Eine Einführung in die Proportionslehre macht die Formen des menschlichen Körpers bewußt und ermöglicht anhand dieses Wissens, Figuren auf ihr Wesentliches reduziert zu modellieren. Dadurch können bestimmte Körperpartien dominieren und der Figur einen speziellen Charakter verleihen.

Ravensburger ®

Ravensburger Buchverlag